DESARROLLA TU AGUDEZA VERBAL

Los trucos para tener respuestas para todo

Por Benjamin Fléron

Traducido por Laura Soler Pinson

Coaching en50MINUTOS.es

LAS CLAVES PARA EL ÉXITO

TEN RESPUESTAS PARA TODO

- **¿Problemática?** ¿Cómo salgo vencedor de una confrontación verbal dando la respuesta apropiada en el tono adecuado?
- **¿Utilidad?** Adquirir las herramientas necesarias para defender nuestras opiniones, destacar y preservar nuestra credibilidad profesional.
- **¿Contexto?** Recursos humanos, desarrollo personal, relaciones profesionales.
- **¿Preguntas frecuentes?**
  - ¿Llevamos en los genes la necesidad de replicar?
  - ¿Cualquiera puede replicar?
  - ¿Qué diferencia una buena respuesta de una mala?
  - ¿Qué actitudes debo adoptar para asegurarme las mayores posibilidades de éxito?
  - ¿Con qué ventajas cuento si desarrollo mi agudeza verbal?
  - ¿Cómo mejoro mi agudeza verbal?
  - Un compañero bromea sobre mi físico con bastante frecuencia. ¿Cómo debo responderle?
  - ¿Cómo respondo a mi jefe sin correr el riesgo de ponerlo en mi contra?

Probablemente ya te habrás preguntado «¿Por qué diablos no he respondido esto?» después de una discusión acalorada entre compañeros, tras un comentario hiriente de tu jefe o al salir de una entrevista profesional. Sin embargo, independientemente de que se trate de una respuesta convincente para taparle la boca a alguien, de una retórica esquiva para escapar a una pregunta incómoda o de un toque de humor para calmar una situación tensa, esa famosa respuesta parece obvia solo cuando ya ha terminado una batalla que, a menudo, has acabado perdiendo. Te sientes frustrado por no haberte defendido tan bien como habrías querido y humillado porque te han puesto en tu sitio en público sin haber sabido reaccionar y, por ello, te ves limitado a renegar de ti mismo y de tu dichosa falta de agudeza verbal. «¡Si pudiese aprenderse!», piensas. ¿Pero quién ha dicho que no se puede?

Al contrario de lo que quizás piensen todavía algunas personas, la agudeza verbal no es algo innato. No es una bendición que un puñado de privilegiados habrían heredado milagrosamente al nacer, y tampoco existe el gen de la agudeza, inscrito o no en nuestro ADN. Entonces, ¿cómo explicar el hecho de que algunas personas siempre logren emitir la respuesta que da en el blanco con la mayor naturalidad del mundo, mientras que otras se pierden en un laberinto cuando intentan ser ingeniosos? Muy a menudo, la razón es sencilla: su trayectoria vital es distinta. Así, los motivos por los que reaccionan de manera diferente ante una misma situación pueden tener fundamentos muy distintos: el entorno en el que han crecido y evolucionado, las experiencias que han vivido, la gente que han conocido o, incluso, el posible entrenamiento que han recibido para desarrollar y mejorar poco a poco su agudeza verbal.

Y es que el aprendizaje de este arte no está reservado a una élite o a cierto tipo de individuos. Todos podemos adquirir capacidades oratorias si mostramos voluntad. Así, podríamos, por ejemplo, aprender a controlar nuestras emociones, iniciarnos en la improvisación, ampliar nuestro vocabulario y nuestro repertorio de réplicas o, incluso, inspirarnos en los grandes especialistas del tema. Por lo tanto, no importa que seas más bien introvertido o extrovertido, que hayas realizado estudios superiores o no, que vengas de aquí o de allí: tú también puedes convertirte en un maestro de la retórica, en un profesional del humor cáustico y en un experto del contraataque, siempre y cuando realices los esfuerzos necesarios. ¡Así que basta de excusas y a por ello!

EL ABECÉ DE LA AGUDEZA VERBAL

¿CUÁL ES SU UTILIDAD EN EL MUNDO LABORAL?

Aunque la agudeza verbal resulta útil en bastantes situaciones de la vida cotidiana, en el entorno profesional puede convertirse en algo particularmente valioso y beneficioso. Piensa, por ejemplo, en ese empleado sumergido bajo una montaña de expedientes que, por miedo a perder su trabajo ofendiendo a su jefe, no se atreve a decir nada cuando este último le atribuye otra tarea más; o en ese desempleado tan competente, pero del que nadie se acuerda nunca porque pierde la compostura cuando la persona que se encarga de las contrataciones lo lleva al límite. Piensa también en ese jefe que no hace más que perder clientes, ya que nunca logra justificar las razones por las que los distintos expedientes se retrasan. Por último, pregúntate qué siente ese compañero que se encarga de llevar a cabo una presentación importante y que, desgraciadamente, balbucea una respuesta totalmente equivocada tras una pregunta de su superior jerárquico. Todas estas personas no se encontrarían en una situación así si hubiesen desarrollado su agudeza verbal.

Mejorar tus talentos de oratoria y tu capacidad de improvisación presenta muchas ventajas a nivel profesional, y las consecuencias posteriores pueden resultar extremadamente beneficiosas para tu carrera y para tu bienestar en el trabajo. Así, si aprendes a responder al instante a las provocaciones y a las preguntas espinosas, te sentirás más cómodo cuando:

- tengas que realizar una presentación ante un público numeroso, independientemente de si este está compuesto por clientes, compañeros o responsables. Ya no temerás los comentarios ni las preguntas, ya que siempre tendrás preparada la defensa adecuada;
- debas justificar un retraso o un error. Independientemente de que se te pueda o no achacar toda la culpa, siempre encontrarás el pretexto adecuado para salir airoso de esta situación;
- tengas que imponerte o hacer valer tus ideas ante compañeros que hablan alto. Dejarás de ser un empleado anónimo e invisible, aplastado por las personalidades fuertes, y pasarás a ser un miembro de pleno derecho de la empresa y un elemento importante de su día a día;
- tengas que afirmar tu autoridad y debas hacer que tus subordinados te respeten sin desempeñar el papel de tirano. Un jefe o un superior jerárquico que no sabe imponerse como líder sin inspirar temor a sus subalternos no tendrá el aprecio de estos últimos, que en seguida lo abandonarán si se produce algún revés;
- debas superar una entrevista de trabajo y las pruebas de resistencia al estrés a los que te pueden someter los encargados de las contrataciones. Al mantener la sangre fría en cualquier circunstancia, convencerás más fácilmente a los responsables del proceso de selección de que eres la persona más apta para el puesto;
- tengas que conseguir contratos con posibles clientes. Si tienes una respuesta para cada una de sus preguntas y logras tranquilizarlos con respecto a sus inquietudes, ¿por qué no te escogerían para que gestiones sus intereses?

Estos son solo algunos de los posibles beneficios profesionales que puedes obtener con una gran agudeza verbal. Pero aquel que se inicia en este arte delicado, a la par que valioso, también puede disfrutar de las ventajas en el día a día: aumentará su autoconfianza, recobrará la tranquilidad y sociabilizará más fácilmente, por ejemplo. Así, sería una pena que renunciaras a este aprendizaje.

¿QUÉ ES LA AGUDEZA VERBAL?

Pero antes de intentar dominar la habilidad de lanzar una buena réplica, es importante que te plantees esta pregunta fundamental, ya que la respuesta no resulta tan obvia como parece: ¿una buena réplica debe ser obligatoriamente agresiva, con el objetivo de taparle la boca al oponente? ¿Una respuesta más dulce que apaciguaría a un interlocutor demasiado nervioso y sofocaría un posible conflicto no es igual de aconsejable? Por último, ¿cómo debemos interpretar un giro humorístico que permitiría esquivar con habilidad una pregunta incómoda? ¿Cuál de estas actitudes debemos privilegiar?

A decir verdad, no existe un tipo de respuesta mejor que otra, que podríamos utilizar en cualquier circunstancia, como tampoco existe una fórmula mágica o una receta milagrosa que siempre resultaría eficaz. Aunque parezca una perogrullada, al final, la respuesta correcta es la que funciona. Entonces, ¿en qué factores nos basamos para escoger la réplica más apropiada?

Factores y ejemplo

Los factores que debes tener en cuenta	Ejemplo
El estatus y la personalidad de tu interlocutor. Obviamente, no responderás de la misma manera a un compañero al que conoces como la palma de tu mano y que tiene el mismo estatus jerárquico que tú que a tu nuevo jefe, al que estás empezando a conocer y ante quien debes rendir cuentas. Debes tener en cuenta la personalidad de quien se encuentra ante ti: que estés bajo las órdenes directas de un jefe de departamento no significa que no estará receptivo a un comentario honesto y directo. En este sentido, no todo el mundo reacciona de la misma forma según el tipo de humor: dos compañeros quizás reaccionen de manera diferente a una broma ligera; el humor negro encajará particularmente bien con una persona, quien, al mismo tiempo, puede que no le encuentre la gracia a una broma colegial. Así, si quieres adaptar tu respuesta al máximo, es importante que sepas primero a quién te diriges.	*Robert, con quien trabajas mano a mano desde hace casi diez años y al que consideras un amigo, bromea sobre los kilos de más que has cogido durante las fiestas. Robert no es demasiado grande y tiene una gran capacidad para reírse de sí mismo, por lo que no dudas en replicarle que has cogido de cintura los centímetros que él se ha olvidado de crecer. Robert estalla de risa: se lo ha buscado. Unas horas más tarde, Roger, no mucho más alto que Robert, pero muy acomplejado por su altura, te hace la misma observación. Obviamente, le lanzas la misma respuesta, pero no reacciona tan bien como Robert y te guarda mucho rencor. Por último, es el turno de Éric, el nuevo jefe de departamento que acaba de llegar, quien te pregunta con una sonrisa si no has comido demasiado pavo durante las Navidades. Te parece que Éric es bastante simpático y te das cuenta de que está bromeando, pero sigue siendo tu superior y no lo conoces lo suficiente como para devolvérsela, por lo que te limitas a sonreír y a responderle que, efectivamente, no te vendría mal llevar a cabo una pequeña dieta.*

Los factores que debes tener en cuenta	Ejemplo
El tono que tu interlocutor emplea. No te limites a escuchar simplemente lo que tiene que decirte. Presta una especial atención al tono que emplea. ¿Está enfadado? ¿Contra ti personalmente o contra una situación determinada en la que no puedes hacer nada? ¿Te está gastando una broma inofensiva o busca herirte cruelmente? ¿Te está atacando realmente o solo está haciendo un comentario banal del que no mide el impacto? Cuando obtengas las respuestas a estas preguntas, podrás elegir con qué tono le responderás. Esto evitará que reacciones de manera excesiva, lo que podría percibirse como paranoia o como una falta de autoconfianza, y que te pasen por encima a la vista de todos, lo que perjudicaría tu credibilidad.	*Marcel y Fabien, electricistas de formación, se encargan del mantenimiento de los sistemas eléctricos de las casas antiguas. Tras haber realizado la prestación esperada, entregan la factura a sus respectivos clientes, que tienen la misma reacción: «Es increíble cómo aumenta el precio de la vida. Hace diez años, tu compañero me pidió dos veces menos». Marcel asiente y sonríe: «Es cierto... ¡menos mal que trabajo dos veces mejor!». El cliente le devuelve la sonrisa y guarda el número de Marcel. Por su parte, Fabien se siente insultado por el comentario: «¿Me estás llamando ladrón?», «¡No, me has entendido mal!», responde el cliente, que se apresura a pagar para demostrar su buena fe. Fabien se va irritado, mientras que el cliente, decepcionado por la reacción excesiva de Fabien, no volverá a llamarlo.*

Los factores que debes tener en cuenta	Ejemplo
El contexto en el que se desarrolla la interacción. ¿Se trata de una conversación informal frente a la máquina del café o de una reunión importante ante todos los empleados? ¿Hay clientes delante o se desa-rrolla de manera interna? ¿Quizás la jornada fue excesivamente dura para tu interlocutor, hasta el punto de que podrías pasar por alto un pequeño cambio de humor si sabes que no piensa lo que está diciendo? A veces, se dan situaciones en las que se debe renunciar al humor, mientras que, en otras, es particularmente adecuado. De la misma manera, existen momentos en los que se espera una respuesta directa y otros en los que es mejor que el mensaje se transmita de una manera más sutil.	*La jornada llega a su fin, mientras que Paul da los últimos retoques a un expediente que debe entregar mañana. De repente, aparece en su despacho Jean, su superior jerárquico, para reprocharle su lentitud, argumentando que tendría que haber terminado ese informe ayer (a pesar de que se le ha asignado esta tarea hoy). Sin embargo, no suele gritarle a sus subordinados, y aún menos sin una razón válida. Paul se dispone a contestarle en el mismo tono, pero se acuerda de que, esta tarde, Jean debía rendir cuentas ante el gran jefe sobre el avance de otro informe mucho más importante. Y si hace caso de los rumores, la reunión ha ido bastante mal. Paul comprende mejor el humor de su interlocutor y opta por otra estrategia: le explica con calma que entiende su enfado, pero que no debe dirigir su ira contra él, ya que el expediente no le ha llegado hasta el día de hoy, y que ha dado lo mejor de sí mismo para acabarlo rápidamente. Jean admite su error y en seguida se calma.*

Los factores que debes tener en cuenta	Ejemplo
Tu personalidad. Al desarrollar tu capacidad de respuesta, vas a añadir armas a tu arsenal y, quizás, algunos cambiarán la imagen que tienen de ti cuando observen tu evolución. Es inevitable y no tiene por qué ser algo malo. Por el contrario, evita caer en la exageración intentando convertirte en alguien que no eres. Así, no empieces de repente a hacer bromas obscenas si no te gustan y si nunca te has reído con ese tipo de chistes. Puedes empezar por comentarios atrevidos que encajen más contigo. En la misma línea, no te hagas el duro de pronto si siempre has tenido un carácter suave. Reafírmate más y no te dejes pisar, sin que eso signifique que debas mostrarte amenazante con tu oponente. Tú debes decidir qué te conviene más, con qué estás más cómodo y qué no encaja con tu perfil. Para que una réplica resulte eficaz, debe enunciarse con seguridad y naturalidad. No convencerás a nadie si das la impresión de que te fuerzas.	*Pierre nunca dice que no, por lo que sus compañeros, sin darse cuenta, han tomado la costumbre de liberarse de buena parte de sus obligaciones y dárselas a él. Por ello, cuando termina la jornada, Pierre está agotado, ya que arregla los pequeños problemas de los otros, además de los suyos propios. Pierre piensa que, probablemente, sea demasiado amable y que le iría mejor si diera un cambio a su vida. Al no saber cómo proceder, pero habiendo entendido que su amabilidad extrema es la fuente de sus problemas, Pierre cree que la solución radica en darle la vuelta a su comportamiento. En este punto, se convence de que tiene que desempeñar el papel de malvado, pero sus primeros intentos se saldan con un fracaso. No logra actuar en contra de su personalidad y de su carácter de siempre, y no resulta demasiado convincente. Pierre se siente ridiculizado y en seguida vuelve a sus viejas costumbres.*

- Lady Astor (política británica, 1879-1964), en desacuerdo con Churchill (1874-1965), exclama: «Winston, si fuera usted mi marido, le echaría veneno en el té» (Evans 2010). La respuesta de Churchill: «Lady Astor, si usted fuera mi esposa, yo me lo bebería» (*ib.*).
- Albert Einstein (1879-1955) a Charlie Chaplin (1889-1977): «Lo que más admiro de tu arte es la universalidad, pues no dices ni una palabra, pero todo el mundo te entiende». «Cierto —responde Chaplin—, pero tú tienes un mérito aún mayor: el mundo entero te admira, aunque nadie te entiende»[1].
- Hardy, humorista, dirigiéndose a su compañero Laurel (componentes del Gordo y el Flaco): «¡Pero si te has bebido todo el vaso! Se suponía que a cada uno le correspondía la mitad». Laurel le responde: «No podía proceder de otra manera, mi parte estaba en el fondo»[2].

LAS ACTITUDES CORRECTAS

No existe la respuesta infalible en cualquier circunstancia, aunque debes conocer algunos puntos esenciales para que tu réplica sea contundente. Si los recuerdas, ya habrás dado un gran paso en tu camino hacia el control de esta práctica.

---

1. Cita traducida por 50Minutos.es
2. Cita traducida por 50Minutos.es

Confía en ti

Acabamos de verlo: una réplica tendrá más posibilidades de alcanzar su objetivo si se pronuncia con aplomo y convicción. Tu actitud es esencial, quizás más que la propia frase. Además, muéstrate seguro y no tengas miedo de fallar el golpe. ¡Mantén la cabeza alta, enderézate y a ello! Tal y como decía Michel Audiard, gran personaje del cine francés, si «un tonto que se mueve va siempre más lejos que un intelectual sentado» (Alcione s.f.), una réplica mediocre enunciada con convicción siempre tendrá más peso que una buena balbuceada con miedo.

> **¿SABÍAS QUE...?**
>
> Sé consciente de tus puntos fuertes y débiles. Aceptarlos te ayudará a utilizarlos, sobre todo riéndote de ti mismo, a apoyarte en tus cualidades y a compensar tus defectos.

Muéstrate relajado

No debe dar la impresión de que te dejas la piel en dar una buena respuesta. ¡No te tomes demasiado en serio! Aunque a menudo se habla de «reacción», de «confrontación» o, incluso, de «ataque verbal», tienes que aprender a ver este tipo de interacciones como un juego, no como un conflicto armado. Relájate, disfruta y, sobre todo, ¡sonríe! No hay nada mejor para desarmar a tu oponente. Es la mejor prueba de que las maldades que te lanzan a la cara no te afectan, ya que sabes lo que vales y atribuyes mucho más valor a tu propia opinión que a la de un tercero. Como recompensa, te sentirás mucho más natural y relajado y, por consiguiente, te costará menos encontrar las palabras precisas para expresarte.

Mantente espontáneo y toma distancia

«¡Eso es precisamente lo más difícil!», pensarás. Efectivamente, esto es lo que más problemas plantea. Muy a menudo, acabamos dando con una respuesta totalmente apropiada, pero, por lo general, la encontramos demasiado tarde. Sin embargo, la solución es fácil: deja de concentrarte sobre la búsqueda de la respuesta perfecta. Escucha con atención a tu interlocutor, identifica la intención que se esconde tras sus palabras y respóndele de manera natural.

Si te detienes en el otro, en su actitud, en su tono y en sus palabras, ya no te centrarás en ti y podrás tomar distancia con respecto a la situación. En este punto, podrás responder espontáneamente sin que interfieran tus emociones. No es casualidad que no se te ocurra la réplica perfecta en el fragor del momento, sino una vez que baja la intensidad. Esto se debe a que has tenido tiempo para tomar perspectiva y tus emociones se han calmado, por lo que tu razón ha vuelto a tomar las riendas. Aunque no es fácil, necesitas despegarte de la conversación en curso para ofrecer una respuesta eficaz.

Cuida tu lenguaje corporal

No olvides la importancia del lenguaje corporal en el éxito de tu respuesta. Tu postura y tus gestos dicen más sobre ti y sobre tu estado anímico de lo que piensas, por lo que debes prestarles una especial atención si no quieres ver cómo fracasan tus mejores réplicas. Sin embargo, no es posible ni recomendable controlar hasta el más mínimo gesto (¡seguro que no quieres parecer un robot!) y, a veces, a los propios expertos les cuesta interpretar uno u otro gesto de la misma manera. Pese a ello, existen por fortuna una serie de posturas y de reflejos físicos instintivos que no dejan lugar al error y de los que tienes que desconfiar. Por ejemplo, cruzar los brazos durante un ataque verbal revelará a tu interlocutor un malestar tan elocuente como si empezases a tartamudear.

Intenta más bien adoptar una postura más abierta: los hombros naturalmente rectos, los brazos pegados al cuerpo y los pies separados. Así parecerás más confiado. Si no lo logras, acostúmbrate a colocar tus pulgares en las presillas de tu pantalón, para estar seguro de que no cruzas los brazos y de que mantienes una postura abierta constantemente. De la misma manera, ten cuidado con estos gestos que a veces realizas sin darte cuenta, pero que siempre acaban traicionándote:

- rehuir la mirada de tu interlocutor cuando le estás mintiendo;
- tocarte la nariz cada vez que estás incómodo;
- mover la pierna cuando estas nervioso y estresado;
- morderte los labios o comerte las uñas cuando estás ansioso.

No te preocupes, de nada sirve que te conviertas en un especialista para no cometer estos errores perjudiciales. Basta con que identifiques tus propios tics y costumbres y te comprometas a eliminarlos uno tras otro.

LOS MEJORES CONSEJOS

- **¡Mantente a la escucha!** Se trata del mejor consejo que podrías aplicar. En efecto, para saber qué replicar a las observaciones de tu interlocutor y cómo, primero hay que comprender su mensaje y, para ello, tienes que haberlo escuchado con atención. Tal y como hemos mencionado anteriormente, no solo debes prestar atención a sus palabras, sino también al tono con el que las pronuncia, a sus gestos, a sus expresiones, etc. ¿Qué mensaje intenta transmitir? ¿Qué intención lo mueve? ¿Qué fisuras presenta su discurso que podrías explotar en tu favor? Por último, capta palabras adecuadas, tonos humorísticos devastadores, fórmulas ingeniosas, etc., ya sea en la vida cotidiana o en la televisión. Escuchas todos estos elementos a diario, así que ¿por qué no apropiártelos? Se trata de la manera más fácil de ampliar tu arsenal.

- **¡Entrénate!** No existen los milagros: la agudeza verbal no cae del cielo, y no te vas a convertir en experto de respuestas mordaces y de elusiones en un santiamén. Como todo lo que se aprende, dominar el arte de la réplica exige tiempo, entrenamiento y práctica. Anota las réplicas que te gustan y vuelve a leerlas hasta que te parezcan naturales. Repítelas ante el espejo si hace falta (¡nadie te verá!) y pruébalas en condiciones reales. Analiza su impacto, lo que ha funcionado y lo que no. En este mismo sentido, en vez de huir de los debates por miedo a quedar como un idiota, más bien acostúmbrate a participar. Solo así irás progresando poco a poco. ¿Esto te da miedo? Nada te impide que te tomes las cosas con calma, empezando por participar en debates con temáticas que no revisten mayor importancia y apenas cuentan con carga emocional. Así, los programas de televisión, los encuentros deportivos o, incluso, la moda del momento, se convertirán en campos de entrenamiento perfectos para empezar a expresar tus opiniones y poner a prueba tus capacidades. En seguida sabrás qué frases te ayudan a ganar puntos, pero también cuáles no tienen buena acogida o, incluso, cuándo alzar la voz y cuándo mostrarse más tranquilo y distante.

- **¡Inspírate!** A cierto tipo de personas se las conoce por su don de la palabra. ¿Por qué no inspirarte en ellas? Por ejemplo, los profesionales de los escenarios han disfrutado de un curso de improvisación, pero también de expresión escénica, lo que les permite imponerse físicamente y ocupar el espacio como poca gente sabe hacerlo. Además, por lo general, tienen una importante cultura literaria sobre la que pueden apoyarse. Por su parte, a los políticos se les conoce por su habilidad para recuperarse ante las diferentes indirectas verbales que se les lanza y responder al instante. También dominan el arte de esquivar las preguntas que pueden dejarles en una situación delicada. Por lo tanto, consume sin moderación debates y entrevistas políticas y sácales partido. Por último, no debemos olvidar tampoco que estamos viviendo en la época de los famosos *snipers* de la televisión. Sean críticos reconocidos o simples humoristas, se les conoce por su facultad para sacar la artillería pesada más rápido que su sombra y no dejarse pisotear.

- **¡No dejes que te invadan las emociones!** Sin duda, se trata de uno de los consejos más difíciles de aplicar, pero también de uno de los más importantes. En efecto, ¿existe algo más humano que reaccionar con emoción a lo que percibimos como una agresión o como un ataque personal? Si el tema te importa, resulta todavía más duro mostrar indiferencia. Sin embargo, tienes que aprender a mantener tu sangre fría y a dominar tus nervios, ya que corres el riesgo de perder la compostura. Recuerda: no te estás jugando la vida, ¡así que no sirve de nada ser presa del pánico! Solo de esta manera llegaras a explotar en un tiempo récord todos tus recursos intelectuales.

- **¡Trabaja tu acercamiento físico!** Nunca lo repetiremos lo suficiente: la manera en la que espetamos una réplica es, al menos, tan importante como la propia réplica. No olvides que la forma es fundamental, y que una respuesta no tendrá el mismo impacto si la balbuceas con una mano delante de la boca, la cabeza gacha y la mirada huidiza que si realizas la afirmación en voz alta, con los hombros rectos, una sonrisa en la cara y mirando a los ojos. El lenguaje corporal es mucho más elocuente de lo que piensas y, a menudo, el resultado de un debate depende en gran medida de esto. No dudes en tomar clases de teatro, no hay mejor escuela para descubrir nuestro cuerpo y aprender a convertirlo en un aliado valioso.

- **¡No vayas de antemano con actitud derrotista!** Jamás ganarás una confrontación verbal si estás convencido de que la perderás incluso antes de que haya empezado la batalla. Seguramente habrás oído hablar ya de esa costumbre que tienen los grandes deportistas de imaginar cómo levantan el trofeo antes de haber disputado la competición. Es lo que llamamos autosugestión positiva o pensamiento positivo: si imaginas que vas a alcanzar tu objetivo, si te lo repites una y otra vez como un mantra, te forjarás un espíritu de ganador y así crearás las condiciones necesarias para lograrlo. Inspírate en este método, constrúyete una imagen mental positiva en la que respondas con seguridad y sangre fría a un interlocutor que no entenderá nada. Si visualizas la escena así en tu mente, te sentirás mucho más cómodo y seguro de ti mismo cuando la situación se produzca realmente.

EL MÉTODO COUÉ

Émile Coué (psicólogo y farmacéutico francés, 1857-1926) puso a punto un método de autosugestión. Se basa en la idea de que todo es posible si nuestra mente está convencida de poder llevar a cabo algo. El individuo debe animarse repitiendo frases positivas varias veces.

- **¡No te tomes demasiado en serio!** Demuestra humor y aprende a reírte de ti mismo. Serás más fuerte cuando llegue la hora de recibir críticas y bromas, ya que estas no te afectarán. ¿Y qué puede ser más eficaz, para desestabilizar a tu adversario, que utilizar tus propias municiones contra ti mismo, teniendo sumo cuidado de neutralizarlas con una sonrisa? ¿Eres más bajo que uno de tus compañeros y le gusta transmitírtelo? Dile que ejecutas un trabajo inversamente proporcional a tu estatura. ¿Te atacan por tu sobrepeso? Responde con una sonrisa que no puedes resistirte a las deliciosas comidas de tu pareja. No dudes tampoco en jugar con los estereotipos. Piensa en esos humoristas que, por voluntad propia, avivan los comentarios sobre sus orígenes, su género o su confesión, y los prejuicios que se derivan de todo ello. Jamel Debbouze (humorista nacido en la periferia parisina y originario de Marruecos, nacido en 1975) ha cimentado de esta manera su carrera de cómico, usando los clichés sobre los jóvenes de los barrios marginales y sobre la inmigración. Por su parte, el director estadounidense Woody Allen (nacido en 1935) es el primero que se ríe de la supuesta tacañería de los judíos, cuando él mismo lo es. ¿Cómo podríamos burlarnos de ellos si ya lo hacen muy bien solos?

ENTRÉNATE MIENTRAS TE DIVIERTES: EL TAKATTAK

Este juego de mesa, que inventan en Lieja Geneviève Smal y Sullivan Hismans, te permitirá trabajar tu agudeza verbal de una forma lúdica. El objetivo del juego es responder lo más rápidamente posible a una de las cincuenta y dos cartas, mostrando una indirecta y siguiendo una regla precisa: reírse de uno mismo, utilizar la evasiva, la insolencia, la verdad o el cumplido para la versión cronometrada; la rima, el alejandrino, la falsa cita, el haiku o la primera palabra para la versión intelectual.

¡Desarrolla competencias para afrontar cualquier situación personal o profesional!

PREGUNTAS FRECUENTES

¿LLEVAMOS EN LOS GENES LA NECESIDAD DE REPLICAR?

Nadie viene al mundo con una agudeza verbal desarrollada. No es algo innato, que se adquiere por herencia genética o por la intervención divina; se trata de un elemento adquirido, que obtenemos y que pulimos a base de trabajo, de investigaciones, de experimentos, de puesta en práctica, de fracasos y de éxitos. Ciertamente, algunos han crecido y evolucionado en ambientes más favorables para el desarrollo de esta facultad: una familia de intelectuales, estudios literarios, un gusto particular por el humor, etc. Sin embargo, esto no quiere decir que sean los únicos que pueden desarrollar esta arma.

¿CUALQUIERA PUEDE REPLICAR?

Sí, absolutamente todo el mundo puede aprender a desarrollar su agudeza verbal. Independientemente de nuestro origen, nuestra personalidad y nuestro nivel de formación, siempre podemos progresar si efectuamos los esfuerzos necesarios y si mostramos voluntad. Por lo tanto, no tenemos excusas para, al menos, intentar mejorar.

¿QUÉ DIFERENCIA UNA BUENA RESPUESTA DE UNA MALA?

Simplemente el hecho de que una alcanza su objetivo y la otra no. No existe una réplica que sea fundamentalmente buena o mala, sino que es su éxito el que determina su estatus, y puede depender de infinidad de factores: la función y la personalidad del interlocutor, su humor del momento, el contexto en el que se desarrolla la interacción, etc. Así, una misma respuesta a veces puede resultar buena y, a veces, mala.

¿QUÉ ACTITUDES DEBO ADOPTAR PARA ASEGURARME LAS MAYORES POSIBILIDADES DE ÉXITO?

Los siguientes comportamientos facilitan el éxito de una réplica.

- **Tener confianza en sí mismo**: una mala réplica formulada con convicción, mirando a los ojos, siempre tendrá más posibilidades de alcanzar su objetivo que una buena, balbuceada con la cabeza gacha. En una confrontación verbal, la forma siempre cuenta, al menos, tanto como el fondo.
- **El humor**: reírse de uno mismo permite que tomemos perspectiva con respecto a nosotros mismos y con respecto a la situación y, de esta manera, podemos quitarle hierro al asunto. También deja al oponente sin clavos a los que aferrarse. Por último, al dar a la confrontación una importancia moderada, obligarás a tu interlocutor a bajar el tono, ya que podría pasar por una persona excesiva y antipática.
- **La renuncia**: si dejas de intentar controlarlo todo para que surja la réplica perfecta, serás más espontáneo en tus respuestas: ganarán en naturalidad y, por consiguiente,

en fuerza. Lo mejor es enemigo de lo bueno, así que no te devanes los sesos buscando la respuesta ideal, ya que corres el riesgo de no poder responder absolutamente nada. Simplemente escucha lo que tu interlocutor tiene que decirte, sin preocuparte demasiado de cómo replicarás, y empieza a hablar de inmediato con seguridad.

¿CON QUÉ VENTAJAS CUENTO SI DESARROLLO MI AGUDEZA VERBAL?

Los posibles beneficios son numerosos:

- menos dificultades para justificar un retraso o un error ante tu superior;
- más seguridad ante tus clientes y, por lo tanto, más contratos ganados y/o asegurados;
- más autoridad natural ante tus empleados;
- más autoconfianza cuando expresas tus ideas o cuando expones el fruto de tu trabajo y, por lo tanto, una mejor imagen dentro de tu empresa;
- más descaro y seguridad en las entrevistas de trabajo y, por lo tanto, más éxito ante los encargados de la contratación;
- más desenvoltura en el oral y, por lo tanto, más facilidad para hablar en público;
- etc.

¿CÓMO MEJORO MI AGUDEZA VERBAL?

Existen muchas maneras de progresar en este ámbito.

- **Presta atención y escucha a tu interlocutor**: sus ideas, su mensaje, su estado anímico, sus gestos, etc., para detectar las posibles fisuras en su discurso, pero también para no centrarte demasiado en tus emociones y en tus sentimientos.
- **Entrénate una y otra vez**: anota y repite ante el espejo las palabras y las expresiones que has escuchado y que te han gustado, hasta «apropiártelas». Además, participa en el mayor número posible de debates y de conversaciones, e incrementa tu vocabulario.
- **Inspírate en los especialistas en la materia**: profesionales de los escenarios, políticos, personajes de los medios de comunicación, grandes autores, dialoguistas de cine, etc.
- **Presta atención a tus actitudes físicas y trabájalas en caso de que sea necesario**: tu postura, tus gestos, el tono de tu voz, tu expresión facial, etc., son tantos los elementos que pueden transmitir información positiva o negativa sobre ti e influir en el alcance de tu discurso.
- **Confía en ti y muéstrate seguro de tu éxito**: al visualizar la escena e imaginarte vencedor, aumentarás tus probabilidades de éxito.
- **Desarrolla tu sentido del humor y ríete de ti mismo**: ríete de tus complejos, de tu físico, de los rasgos de tu personalidad o, incluso, de los estereotipos vinculados a tus orígenes, a tu género o a tu religión.

UN COMPAÑERO BROMEA SOBRE MI FÍSICO CON BASTANTE FRECUENCIA. ¿CÓMO DEBO RESPONDERLE?

Lo primero, no le des demasiada importancia a sus comentarios, que solo representan su opinión. Además, a lo mejor solo busca desestabilizarte y, al no haber encontrado nada que decir sobre la calidad de tu trabajo, lo intenta de otra manera. Si reaccionas negativamente y le respondes con agresividad, estarás entrando en su juego y le demostrarás que lo que ha dicho te ha afectado y te ha hecho daño. Intenta más bien cogerlo de sorpresa: ríete y contraataca usando un tono jocoso. No existe razón alguna para que te sientas avergonzado de lo que eres, así que ¿para qué actuar como si así fuera?

Aprende a jugar con los estereotipos y a usarlos en tu favor cuando sea posible. ¿Un nuevo compañero intenta llamar la atención burlándose de tu tripa? Respóndele que te has comido a sus predecesores y que pronto le llegará su turno. ¿Se ríe porque, supuestamente, tienes las orejas grandes? Dile que el único inconveniente es que estás obligado a escuchar todas sus tonterías. Las posibilidades son infinitas, pero el principio sigue siendo el mismo: no te avergüences de lo que eres, no intentes disimular tus defectos. Asúmelos con humor y aprovecha tú también la ocasión para bromear sobre los demás.

¿CÓMO RESPONDO A MI JEFE SIN CORRER EL RIESGO DE PONERLO EN MI CONTRA?

Si bien no resulta fácil reafirmarse ante un compañero, las cosas se complican todavía más cuando se trata de un superior jerárquico que tiene el poder de convertir tu vida profesional en un infierno o, incluso, de despedirte. De nuevo, no existe una manera buena o mala de reaccionar frente a este tipo de situaciones. Sin embargo, podemos apostar por algunas vías y dejar aparcadas otras. Así, prohíbe cualquier reacción excesiva, no te dejes llevar por la ira y no respondas jamás de manera agresiva. En vez de echar leña al fuego y correr el riesgo de provocar un incendio que ya no podrás sofocar, intenta defenderte. Eso calmará la interacción y apaciguará los ánimos.

Seguro que ya sabes que, en estos casos, se recomienda encarecidamente recurrir al humor. Cuidado, no se trata de ridiculizar las observaciones de tu interlocutor (así solo avivarías su ira), sino más bien de quitarles hierro riéndose de uno mismo.

¡AHORA ES TU TURNO!

Tal y como hemos visto, desgraciadamente, no existe una lista exhaustiva de réplicas «mágicas» que podrías limitarte a aprender de memoria y recitarlas en un momento dado. Es posible que la réplica que funciona un día no funcione al día siguiente, que la respuesta que le tapará la boca a tu compañero no tenga el más mínimo impacto sobre tu jefe, y que esa buena broma que siempre le hace gracia a todo el mundo cuando la cuenta tu amigo con tono afectado quizás sea un fiasco monumental si sale de tu boca.

Para encontrar tu propio estilo, vas a tener que multiplicar tus experiencias para darte cuenta, por ti mismo, de lo que encaja mejor contigo, de lo que funciona o no y en qué circunstancias.

¿Eres más bien derrotista?	Esta actitud no te ayudará, así que apuesta por la autosugestión y la visualización. La próxima vez que debas efectuar una presentación ante clientes importantes o que tengas que presidir una reunión, aprovecha los días de antes para intentar poner en práctica este consejo. Utiliza los momentos libres de la jornada para representar la escena en tu mente y hacer que acabe bien para ti. Imagínate como un conquistador, seguro de ti mismo, dispuesto a responder al instante cualquier pregunta incómoda. Repítete como un mantra que todo saldrá bien. En lugar de centrarte en tus fracasos, elabora una lista con tus mayores éxitos. Al leerla cada día, creerás más en tus capacidades y crearás así las condiciones ideales para alcanzar el objetivo.

Desarrolla tu agudeza verbal © 50MINUTOS.es

¿Sabes que tienes un buen número de réplicas hilarantes, pero nadie se ríe con ellas nunca?	Seguramente, el problema se encuentra en cómo las formulas, así que trabaja este punto para mejorar. Inspírate en los grandes maestros del humor cáustico, mira sus espectáculos y sus intervenciones en la televisión. Presta una especial atención a sus entonaciones, sus gestos, el uso que hacen de los silencios, etc. Y, a continuación, entrénate y haz lo mismo. No dudes en practicar ante el espejo o, mejor aún, grábate para poder escucharte después. Este ejercicio, con el que tomarás distancias, puede resultar particularmente provechoso, ya que, a menudo, tenemos una idea errónea acerca de cómo nos escuchan los demás.
Por el contrario, ¿tienes una voz que transporta a la gente y una mirada penetrante, pero te faltan las palabras para defenderte con eficacia?	Ya sabes de dónde sacar la inspiración y cómo enriquecer tu repertorio. Fíjate un primer objetivo leyendo una cierta cantidad de libros al mes o interesándote un poco más por los distintos programas de debates que se retransmiten por televisión.

<table>
<tr><td>

Por último, existe un juego divertido con el que puedes pasar el rato si deseas mejorar tu agudeza verbal, independientemente de tu nivel inicial.

</td><td>

Abre un diccionario al azar y escoge la primera palabra que encuentres. Lee la definición, toma un lápiz y una hoja y date unos diez minutos para escribir todas las asociaciones que se te ocurren. Cuando haya acabado el tiempo estipulado, organiza tus notas para formular un discurso con el mayor sentido posible, aunque apenas tenga interés. A continuación, vuelve a poner en marcha el cronómetro e intenta defender oralmente este discurso hasta que ya no tengas nada que decir. Poco a poco, te sentirás cada vez más cómodo, lograrás estructurar rápidamente tus ideas y serás capaz de abordar numerosos temas diferentes.

</td></tr>
</table>

Eres la persona más adecuada para saber cuáles son tus defectos y tus carencias, así que identifícalos y aplica los consejos correspondientes que hemos mencionado a lo largo de este texto. ¡No te quedará más remedio que mejorar!

PARA IR MÁS ALLÁ

FUENTES BIBLIOGRÁFICAS

- Cavelier, Yvon. 2012. "Comment avoir toujours des idées sur n'importe quel sujet et ne plus jamais louper d'opportunités". *Copywriting Pratique*. 12 de diciembre. Consultado el 13 de abril de 2017. http://www.copywriting-pratique.com/comment-avoir-toujours-des-idees-sur-n-importe-quel-sujet-et-ne-plus-jamais-louper-d-opportunites/
- Chaudeau, Céline. 2013. "Comment avoir de la répartie en entretien d'embauche?". *Keljob*. 21 de mayo. Consultado el 13 de abril de 2017. http://www.keljob.com/editorial/chercher-un-emploi/entretien-dembau-che/detail/article/comment-avoir-de-la-repartie-en-entretien-d-embauche.html
- Denis, Séverine. 2009. *Avoir de la répartie en toutes circonstances*. París: Eyrolles.
- Dimier, Jean-Charles. 2011. "5 astuces pour avoir de la ré-partie avec succès!". *Succesrama*. 16 de abril. Consultado el 13 de abril de 2017. http://www.succesrama.com/5-astuces-pour-avoir-de-la-repartie-avec-succes/
- Le Quintrec, Florent. 2008. "Améliorer sa répartie". *Le Journal du Net*. 6 de octubre. Consultado el 13 de abril de 2017. http://www.journaldunet.com/management/efficacite-personnelle/conseil/ameliorer-sa-repartie/ameliorer-sa-repartie.shtml
- Luc, Danièle. 2001. "L'esprit de répartie: en avoir ou pas". *Psychologies*. Consultado el 13 de abril de 2017. http://www.psychologies.com/Moi/Se-connaitre/Personnalite/